AF554601

LE

SAUVEUR DES LOCATAIRES

OU

LES BAUX-A-LOYER

COORDONNÉS

AU COURS DE LA RENTE 5 P. % A LA BOURSE DE PARIS;

APPUYÉ

DE CONSIDÉRATIONS JUSTIFICATIVES;

et précédé d'une

PÉTITION ADRESSÉE A L'ASSEMBLÉE NATIONALE;

PAR

CROCÉ SPINELLI.

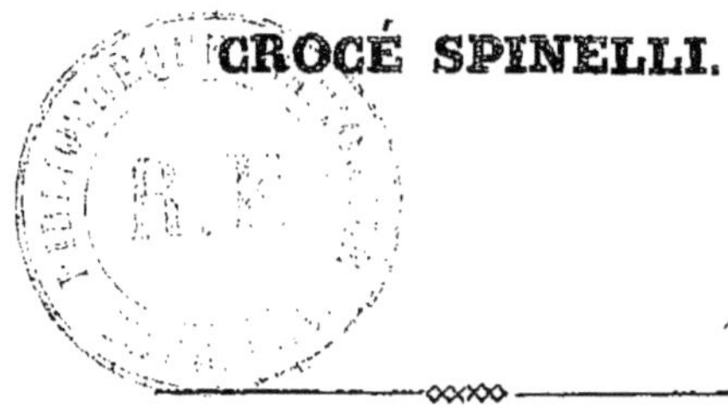

Prix : 50 Centimes.

PARIS

CHEZ LAISNÉ, LIBRAIRE, PASSAGE VÉRO-DODAT,

ET CHEZ L'AUTEUR, PLACE DE LA BOURSE, 12.

1848

IMPRIMERIE CENTRALE DES CHEMINS DE FER, DE NAPOLÉON CHAIX ET Cie.

AUX

REPRÉSENTANTS DU PEUPLE.

CITOYENS LÉGISLATEURS,

Permettez-moi de recommander à votre étude la grave blessure qui, dans ce moment de crise, afflige la France et surtout sa capitale.

Quatre-vingt mille baux à loyer, à Paris seulement, pèsent sur autant d'honorables commerçants et les placent dans la position la plus critique. Depuis neuf mois, ils assistent, l'arme au bras, à la ruine envahissante de leur commerce, de leur industrie. Armés de leurs contrats, les propriétaires échapperont-ils seuls à la solidarité républicaine des malheurs qui nous écrasent? Ou bien l'Assemblée nationale se décidera-t-elle à donner aux baux, à ces contrats inviolables, leur juste mesure, la mesure de l'équité?

Le 20 août, j'ai déposé à l'Assemblée nationale une pétition. Elle demande :

1° Un décret d'urgence qui règle les loyers des patentés sur le cours des actions de la rente 5 % du jour de l'échéance des termes, en prenant pour principe le chiffre des baux, et pour moyenne le taux de la rente du jour de leur création.

2° Elle demande encore que les propriétaires soient obligés de déposer à la Caisse des dépôts et consignations les termes des loyers payés à l'avance. Ces termes étant seulement la garantie des propriétaires, les revenus doivent profiter aux locataires.

Cette pétition (voir la copie à la fin de ce mémoire) contient des considérations et un exposé qui la justifie. Mais on voudrait m'inspirer une crainte : l'Assemblée, me dit-on, composée en totalité de propriétaires, n'écoutera pas votre demande; vous n'aurez même pas les honneurs de la discussion. D'ailleurs, MM. les propriétaires connaissent presque tous la pétition, ils affichent, ils enflent les concessions qu'ils ont faites

Les locataires, victimes des événements de Février, resteront victimes. On répondra à leurs doléances qu'il n'est point de remède; leur désespoir et leurs souffrances ne regardent pas les Représentants du peuple.

Pour mériter alors l'attention de l'Assemblée, je me décide à exposer de nouveaux arguments; ils ne seront point des monuments de science législative, mais la raison, la philanthropie et l'équité plaideront pour eux.

Et d'abord, comprenons la position.

Je me propose de louer aujourd'hui une maison qui rapportait, avant février, 10,000 fr. J'offre au propriétaire 5,000 fr., et j'ajoute : Je ne veux pas être injuste, profiter des circonstances, égorger votre fortune. Vous avez droit à un intérêt de 5 % au moins; eh bien! écoutez ma proposition : les 5,000 fr. que je vous offre ne seront pas définitifs; ils suivront les émotions de la confiance publique, baromètre certain des affaires. La rente est à 60 fr., et je vous paye 5,000 fr.; si elle monte à 90 fr., mon loyer vous sera payé 7,500 fr.; si elle monte à 120 fr., je vous payerai 10,000 fr.; si elle monte 150 fr., ce sera 12,500 fr., mais si elle descend à 30 fr., je ne vous devrai que 2,500 fr. Il n'est pas de droit acquis qui résiste à l'équité, et c'est l'équité que je prends pour juge.

LE BAIL ET SES CONSÉQUENCES.

Le bail est un contrat consenti par le bailleur et le preneur; il fixe :

1° Les lieux loués;

2° Le temps de la durée;

3° Le chiffre du loyer;

4° Les conditions de sa jouissance.

Plus des trois quarts sont sous seing privé; presque tous sont rédigés par les bailleurs, qui, une fois que ces messieurs ont respecté le prix, la durée et les lieux, combinent les autres articles de manière que les interprétations leur soient favorables, et trop souvent les locataires signent sans réserve, sans consulter et sans en apprécier la teneur. Mais, dira-t-on, pourquoi signer? vous êtes les maîtres. On est maître une fois, c'est vrai, en admettant l'absence de toute nécessité, de toute contrainte morale. Mais si vous voulez renouveler votre bail, vous êtes esclaves, bien esclaves. Telle est la perspective sous laquelle sont créés tous les baux, et contre laquelle je ne crains pas de faire appel aux témoignages des bailleurs, en présence de leurs locataires.

Je le demande à tout homme impartial et juste : est-ce à de tels contrats que doit s'enchaîner la destinée commerciale ou industrielle de tant de locataires? Et ces contrats hypocrites et creux seraient irrémissiblement protégés par la loi, quand les articles 1109 et suivants du Code civil paraissent si scrupuleux!

Examinons maintenant les quatre articles qui composent les baux.

1° Les Lieux.

Si ma pétition n'est applicable qu'aux patentés, c'est que, raisonnablement, les locations sont de deux sortes : bourgeoises et commerciales. Les locations bourgeoises sont ordinairement livrées en bon état et décorées aux frais des propriétaires. Les baux ne sont le plus souvent que de trois mois, six mois, rarement de longue durée; les événements ne peuvent donc atteindre ces locataires, et si des réclamations étaient permises, elles appartiendraient préférablement aux bailleurs. C'est le contraire pour les locations commerciales; elles se composent de boutiques, magasins, ateliers, usines et maisons complètes pour hôtels garnis. Les bailleurs livrent leurs lieux clos et couverts, *c'est-à-dire les quatre murs;* les fabricants disposent les locaux d'après les besoins de leur fabrication, et les commerçants à l'avantage de leurs marchandises. Mais le siècle oblige : les frais d'installation sont énormes, les boutiques surtout sont devenues des boudoirs somptueux que chacun embellit à l'envi. Les propriétaires contribuent-ils à ces dépenses? Ils en ont fait un calcul, je l'expliquerai plus loin.

Les quartiers et les positions où sont situées les maisons sont le principal avantage que les propriétaires font valoir, surtout si c'est un quartier à la mode, et chacun sait avec quelle frénésie on a élevé surtout les locations des boutiques. Quelle raison a justifié ces mesures? Comment expliquer que les bâtisses d'une petite rue coûtent moins que celles d'une grande? celles du faubourg Saint-Germain moins que celles du boulevart des Italiens. J'admets une différence dans le prix du terrain, mais a-t-elle été jamais celle des 5/6? et si je conviens que les locataires ont toujours été libres d'accepter, je ne conviens pas qu'ils aient toujours été libres de refuser; souvent leur bail expire, souvent ils sont engagés avec leurs fournisseurs, souvent encore ils ne trouvent pas d'autres locations à leur convenance, et dans tous les cas ils ne peuvent laisser les marchandises en caisse. Ajoutons que les bailleurs ont toujours la précaution de se mettre au courant de la position des locataires, et qu'au besoin ils savent attendre pour mieux saisir; qu'ainsi ils profitent non-seulement de l'ambition des preneurs, mais encore de leurs besoins. Si donc ces besoins font emprunter des boutiques à un taux exagéré, comment n'y a-t-il pas des lois qui punissent ce trafic comme trafic d'argent prêté à usure?

2° De la durée des baux.

La durée des baux dépend du calcul du propriétaire. Par exemple, si par sa position un local n'offre pas un avenir prospère, il ne consentira qu'un bail de longue durée; si le locataire lui offre des chances d'un avenir lucratif, il le restreindra autant que possible. Deux points principaux lui serviront de guide: les frais que doit faire le locataire, ceux qu'il aura faits et la prospérité de sa maison de commerce. On comprendra le piége où sont tombés les boutiquiers par l'embellissement de leurs boutiques; les hôtels garnis, par l'ameublement et les décors de leurs maisons; les établissements manufacturiers, par les frais d'installation d'ateliers, de machines, etc.; enfin chacun en ce qui le concerne dans la formation d'une honorable clientèle. Ajoutons que beaucoup de négociants, et surtout parmi les maîtres d'hôtels et les limonadiers, ont acheté leur clientèle 10, 100 et jusqu'à 500,000 francs (1). Lorsque, dis-je, ces divers commerçants arrivent à fin de bail, oh! alors il faut

(1) Ceux qui ont acheté des fonds redoutent tellement leurs propriétaires que, malgré leur position affreuse, ils ont refusé de signer la pétition Sanguinède, également relative aux baux. La pétition a pourtant été revêtue de 15 à 20,000 signatures.

compter avec les terribles propriétaires, et très-souvent, voici les conditions sous lesquelles il faut se courber :

1° Pot-de-vin proportionné à l'importance de la clientèle et aux dépenses faites par le locataire.

2° Augmentation du chiffre du bail.

3° Augmentation du prix à chaque période (1).

4° A fin de bail, les ouvrages faits par les locataires resteront la propriété du bailleur.

Voilà les conditions; je ne les qualifie plus : elles ont leurs dates avant la révolution de Février, lorsque la valeur des maisons était à son apogée, lorsque les capitalistes balançaient entre l'achat des maisons et l'achat d'inscription de rente 5 % à 120 ou 126 fr., lorsqu'enfin les affaires étaient prospères. Eh! que l'on ne vienne pas dire que les locations n'ont pas suivi les événements, quand, il y a quarante ans, elles étaient à moitié prix. Il y aurait mauvaise foi à nier que les propriétaires n'ont pas profité de la prospérité des événements dans toutes leurs phases.

3° Du chiffre du loyer.

Tout ce qui vient d'être dit prouve suffisamment comment on s'y est pris pour exagérer les chiffres des loyers. Je me bornerai maintenant à l'examen de leur valeur; c'est en quelque sorte à quoi se réduit la première proposition de ma pétition.

Toutes les valeurs depuis Février ont baissé à peu près de moitié : rentes sur l'État, actions sur la Banque de France, actions industrielles, etc.; l'argent, au contraire, a doublé sa valeur. Nous vivons sur un sable mouvant qui ne permet pas de donner à rien une valeur précise; la *confiance publique* est le seul baromètre des valeurs de toutes les valeurs. Hier comme aujourd'hui, comme demain, elle sera la maîtresse du commerce, de l'industrie, de la fortune, du bonheur matériel de toute la France; comment donc, en bonne justice, il y a deux ans, a-t-on pu déclarer que telle maison vaudrait tant dans dix ans, dans vingt ans? Comment a-t-on pu préjuger régulièrement les prix des loyers? Comment pourrait-on le faire sans les assimiler

(1) Je puis prouver l'existence de plusieurs baux dont le chiffre a été successivement porté par la gradation des périodes au double du prix primitif.

aux jeux de hasard prohibés par l'article 1965, qui condamne le commerçant qui expose la fortune de sa femme, l'honneur de ses enfants et le travail de toute sa vie. Les loyers comparés aux événements ne sont-ils pas les pires des jeux de hasard, quand la loi, gardienne des contrats, qui les a enchaînés sous l'âge d'or, exige la rupture de leurs chaînes sous l'âge de fer? Eh quoi! pour une valeur aussi variable que celle des loyers, vous voudriez que la valeur du numéraire qui les paye fût invariable! Mais M. Thiers, pour faire repousser les bons hypothécaires qui devaient *représenter les immeubles*, n'a-t-il pas dit qu'ils n'auraient valu que 50 %? D'un autre côté, quels seraient les matérialistes qui résisteraient à croire, que, si les mines d'or et d'argent venaient à se tarir, ces métaux intrinsèques n'auraient pas plus de valeur! Ne serait-ce pas là le cas de leur dire, comme disait Galilée?

Le remède à ce mal serait de faire concorder la valeur du chiffre des loyers, à la formation de chaque bail, avec la valeur véritable du numéraire le jour de l'échéance des termes. Le cours des actions de la rente en serait, il me semble, le régulateur naturel, parce qu'il est, comme je l'expliquerai plus loin, la balance la plus juste et la moins contestable.

4° Des conditions de la jouissance du bail.

Les conditions qui règlent la jouissance des baux sont presque autant de servitudes à la charge des locataires; presque toujours elles contiennent la restriction de l'exercice de leur commerce; elles ont acquis le droit, par l'usage, de leur imposer les contributions des portes et fenêtres, et surtout les frais énormes d'enregistrement, qui complètent les droits et priviléges des bailleurs contre leurs locataires. Je ne m'étendrai pas davantage sur les conditions qui régissent les baux : toutes sont inhérentes aux lieux; il suffira d'ajouter qu'elles sont toujours en faveur des bailleurs.

L'interprétation des quatre articles précédents prouvera, j'aime à le croire, qu'il y a de grandes modifications à faire. Les locataires les réclament comme un droit; ils les veulent, parce qu'elles leur sont dues.

A ce qui vient d'être dit je sais qu'on opposera les droits acquis, la foi due aux engagements, la loi qui protége les contrats. Mais il me semble qu'une loi doit être juste et sans préférence. Les cas fortuits et la force majeure qui atteignent les commerçants et les industriels locataires, doivent avoir un poids dans la balance de la justice.

Examinons la loi :

L'article 1769 du Code civil dit : « Si le bail du cultivateur » est fait pour *plusieurs années*...... (1), que tout ou partie de » la récolte soit enlevé par des cas fortuits, le fermier peut » demander une remise sur la location. »

Et quand la révolution a tué le commerce, après avoir été forcé de fermer sa boutique devant des milliers de barricades, au grondement du canon et de la fusillade ; après avoir jeté sa vie au hasard de la guerre civile pour défendre la maison de son propriétaire, cet homme n'aura pour lui ni justice, ni merci!

Les billets à ordre, les lettres de change, etc., et autres contrats *valeur reçue comptant* doivent, pour les droits au payement, se courber et céder le pas aux baux valeur à *recevoir des passants* ou en *courant d'air*, et après eux, *s'il en reste*, art. 2102 du Code civil.

Les contrats de mariage ont été brisés lors du divorce; ils reçoivent une modification par la séparation de corps, art. 306........ Les baux sont conservés intégralement, quand ils auraient ruiné plusieurs fois le même locataire ainsi que ses créanciers.

Rien au monde ne peut donc fléchir l'inexorable loi qui protége les propriétaires, quand même les locataires payeraient quatre fois trop cher la valeur de leurs loyers. Je me trompe, un accident qui égarerait le bail, ou un incendie qui le dévorerait, obligerait le bailleur à réduire le loyer au prix d'estimation, art. 1716. Les accidents seraient donc plus justes que la loi.

Je pourrais citer à l'appui de ma pétition plusieurs autres articles du Code dont les interprétations lui viendraient en aide, comme je pourrais citer aussi en faveur des locataires plusieurs décisions, jugements et arrêts de divers tribunaux et cours de

(1) Cet article laisse concevoir une différence par rapport à la durée des baux, qui, effectivement, assume l'entraînement avec les événements.

la République, qui ont modifié ou annulé un grand nombre de baux entachés des vices que j'expose ; mais comme je ne suis ni avocat, ni jurisconsulte, je me bornerai à continuer de signaler les causes qui oppriment la classe honorable des commerçants-locataires, en les cherchant dans l'enchaînement de leurs baux en présence des événements.

La crise qui nous étreint et qui nous laissera longtemps la marque de ses ongles, est la preuve vivante que le chiffre du loyer ne peut suivre la date du bail que dans la proportion des temps. En effet, depuis février, trois termes sont échus, plusieurs ont été payés, à plusieurs on a donné des à-comptes, à plusieurs on n'a rien payé. Les propriétaires s'impatientent et menacent(1), les locataires consternés s'effrayent et s'indignent, les propriétaires refusent de modifier les baux, et les locataires, bon gré mal gré, refusent de compléter les payements. Les deux parties sont en présence, l'un armé de misère et l'autre de la loi ! Mais laissons parler la Commission des finances, à la séance du 29 septembre, dans la demande de six millions de secours pour le département de la Seine :

« Considérant que toutes les ressources dont la ville de Paris » a pu disposer depuis le 24 février dernier sont épuisées.....

» Considérant que les événements qui ont suivi la révolution » ont frappé bien plus directement le département de la Seine » qu'aucune autre partie de la France ; qu'ils ont eu pour ré» sultat d'arrêter *complétement, immédiatement,* la marche des » affaires et d'éloigner de la capitale tous les étrangers et un » grand nombre d'habitants aisés ; qu'il est résulté de ces émi» grations :

» 1° De nombreuses vacances qui se multiplient chaque jour ;

» 2° Une diminution forcée dans les valeurs locatives (c'est» à-dire pour ceux qui n'ont pas de baux) et impuissance de la

(1) Au terme d'avril et de juillet, les propriétaires portaient leurs doléances jusqu'à se dire dans l'impossibilité, non seulement de payer leurs impositions, mais encore de subvenir à leurs besoins personnels, quand, malgré leur dire, ils ont vécu comme par le passé. D'ailleurs, les locataires sont restés leurs débiteurs.

» part de beaucoup de locataires à payer les prix de leurs loyers ;

» 3° Une stagnation prolongée dans les affaires et une gêne » excessive chez les marchands et négociants de tous degrés » et de toutes professions ;

» Considérant, etc., etc.. ....»

M. Proudhon, dans son projet financier, il faut lui en savoir gré, reconnaissait qu'il fallait jusqu'en 1851, réduire d'un sixième le chiffre des baux; il laissait espérer pour *compensation* une baisse équivalente sur les denrées et sur les marchandises. Si au fond de sa proposition il y avait du juste, les degrés d'appréciation n'étaient pas respectés et la *compensation* n'était pas appréciable.

M. Proudhon plaçait sur la même ligne les baux à ferme et les baux à loyer. Mais, en supposant la position du fermier déplorable, on ne peut accuser la révolution d'en être la cause. La récolte a été abondante, et la faim ne saurait se mesurer; il faut donc que les fermiers vendent. C'est tout le contraire pour l'industrie et le commerce. Les événements règlent leur vitalité ; produit et consommation ne sont pas indispensables, surtout à Paris, pour le besoin des objets de luxe et de fantaisie.

Fixer à un sixième la réduction des baux des patentés eût été acceptable pour les temps ordinaires ; c'est insuffisant pour les temps de crise.

Encore une fois, une réduction sur le prix des marchandises, pour compensation, n'est pas la conséquence de cette diminution. Dans les temps malheureux, la réduction a lieu d'elle-même; aujourd'hui tout se vend à vil prix.

M. Thiers, dans un rapport du 27 juillet dernier, a reconnu que la position du commerce et de l'industrie était déplorable; mais, en combattant la proposition de M. Proudhon à l'endroit des loyers, il a exposé des appréciations d'une grande inexactitude, et, après avoir caressé la vanité des marchands qui paient 5 à 6,000 francs de loyer, M. Thiers a dit que la réduction d'un sixième était pour eux une futilité, un faible secours, en présence de 25 à 30,000 francs de frais annuels; surtout quand ces marchands faisaient pour 200 à 300,000 francs d'affaires. Plus loin, M. Thiers dit savoir que plusieurs marchands avaient à peine vendu pour 1,000 francs par mois, et d'autres seulement pour quelques centaines de francs ; pour peu que cela ait continué, et les choses n'ont pas changé, l'année ne sera donc que de 7 à 8,000 francs de vente. Si ces négociants ont pour 25 à 30,000 francs de frais, ils se trouveront donc en déficit de 15 à 20,000 francs sur le chiffre de ces avances, sans parler des bénéfices ni des engagements qu'ils ont sans doute contractés pour l'achat des 200 ou 300,000 francs de marchandises dont a parlé M. Thiers. Que M. Thiers réponde !

Il se borne à convenir que la réduction d'un sixième est d'un trop faible secours ; que, conséquemment, la *réciprocité* du rabais à faire sur les marchandises serait à peine de demi pour cent. Dans ce cas, il ne peut refuser son appui à ma pétition, quand il est à même de se convaincre qu'aujourd'hui l'acheteur obtient 20 ou 25 pour cent de rabais au lieu de demi.

Un fait positif, qui n'est pas sans danger, c'est que la presque totalité des ventes se fait à perte, soit pour faire honneur aux engagements, soit pour subvenir aux frais ; cependant il a été dit à l'Assemblée nationale, à l'occasion des bons hypothécaires, que si le projet était accepté, il fallait *craindre* une grande augmentation dans le prix des marchandises. Le mot *craindre*, il me semble, devrait être remplacé par celui d'*espérer* : la perte n'est jamais un bénéfice.

Le journal *la Patrie*, du 29 octobre, dit : « Les boutiquiers de » Paris, ruinés par la révolution de Février, sont en ce moment » l'objet de nombreuses exécutions de la part du fisc ; des affi- » ches placées à la porte et sur les vitrages des magasins an- » noncent la vente des marchandises et du mobilier qu'ils con- » tiennent, pour cause de non-paiement des contributions. On » voit ces affiches tout imprimées, et qui semblent ainsi faites » pour un très-grand nombre de saisies, apposées dans plusieurs » quartiers, et jusque dans les somptueux passages dont les » magasins se ferment ou sont saisis par le fisc. . . . . . . »

La position des commerçants se laisse rarement connaître : chacun craint pour son crédit ; mais on peut, règle générale, évaluer les chiffres des contributions au dixième du prix des loyers ; cet aperçu donnera une idée de leurs affaires.

On peut donc envisager la position des commerçants patentés comme grosse d'orages, et, soit que les bailleurs retardent leurs poursuites, soit que les tribunaux surseoient à leurs jugements, le temps de l'exécution n'est pas loin, et, s'il faut se baser sur les ventes forcées qui ont eu lieu récemment, leur produit ne sera pas du tiers de leur valeur. Le plus grand nombre sera donc ruiné par les poursuites des propriétaires, et les créanciers fournisseurs des marchandises vendues *viendront après* : la propriété héréditaire vivra donc des ruines de la propriété du travail. Cette position se dessine nettement pour les hôtels garnis et les limonadiers, qui, après avoir tout sacrifié en frais d'établissement, doivent souvent encore le prix de leurs fonds, qui sont presque toujours achetés à crédit. Ces fonds ou ces clientèles deviennent tout leur avoir ; leurs meubles sont peu de chose comparativement. Ce n'est pas tout : le chiffre des loyers de ces deux classes de commerçants est très-élevé, puisqu'il en existe qui payent annuellement jusqu'à 100,000 francs. S'ils sont en retard de deux ou trois termes, leurs mobiliers vendus payeront à peine les propriétaires, qui, ne voyant plus rien à prendre, résilieront les baux et disposeront de leurs hôtels comme bon leur semblera, et même tireront parti à leur bénéfice de la clientèle de leurs malheureux expulsés (1).

Maintenant examinons la valeur de l'argent que reçoivent les bailleurs comparativement à la valeur de leur propriété. Rétrogradons d'abord à 1844, année où aurait été souscrit un bail, et supposons une maison qui eût valu alors 300,000 francs ; le chiffre du loyer a été fixé à 16,000 francs, correspondant à 5 1/4 °/o de revenu. Raisonnablement, aujourd'hui cette maison ne vaudra plus que 180,000 francs (2). Or, en laissant son revenu à 5 1/4, le loyer serait réduit à 9,400 fr. Si le propriétaire dispose de ces 9,400 fr. en achat de maison, il trouvera aujourd'hui pour cette somme la maison qui, en 1844, valait 16,000 francs ; s'il achète des rentes, il obtiendra le même avantage ; s'il les consomme en frais d'intérieur, il les retrouvera, sans autre économie, et avec la même aisance.

(1) Ne serait-il pas plus juste, lorsqu'un bail expire ou que le bailleur en a obtenu la résiliation, chaque fois que le locataire aura déclaré vouloir continuer au même prix, que le bailleur ne puisse louer à un autre du même état sans qu'il paye au cessant cinq fois la valeur du loyer ?

(2) *La Presse* a démontré à plusieurs reprises que la propriété foncière avait subi, par suite de la révolution, une baisse d'environ 24 milliards.

Que résultera-t-il si l'intégrité du chiffre du loyer est maintenue? Que l'argent du malheureux locataire bénéficiera au propriétaire, qui pourra acheter de la rente 5 % à 68 fr. au lieu de 120 fr., et que sa maison lui rapportera 9 1/4 de revenu au lieu de 5 1/4.

Si, comme je l'ai démontré à l'article 2, les propriétaires ont profité des temps prospères, le plus vulgaire bon sens les condamne à subir les temps malheureux. Vainement diront-ils avoir loué au risque des preneurs. Je répondrai : oui, quant aux capacités personnelles; non, quant aux chances inhérentes aux maisons. Sans cela, pourquoi les propriétaires feraient-ils payer plus cher que dans un quartier désert? Ils ont concouru au bénéfice, ils doivent concourir à la perte ; enfin, ils doivent suivre les éventualités du temps. Le moyen de les apprécier se présente naturellement : c'est le cours des actions de la rente 5 % de la dette publique à la Bourse de Paris; c'est le moyen que je propose, et c'est après l'avoir bien considéré que je demeure convaincu qu'il peut parfaitement régler la valeur des loyers.

Le calcul est des plus simples : on multiplie le chiffre du loyer avec le chiffre du taux de la rente du jour de l'échéance du terme; on divise le produit par le chiffre du taux de la rente du jour de la date du bail, et le résultat donne le chiffre à payer.

Si on craignait que cela n'offrît de la difficulté pour ceux qui ne connaissent pas le calcul, on pourrait encore procéder par 10e du prix du bail pour chaque 10 fr. de variation de la rente ; toutefois, ce mode n'est pas d'une parfaite exactitude.

La légalité de la Bourse.

Il n'est pas sans importance de donner quelques explications pour justifier la raison qui nous fait choisir le taux de la rente 5 % coté à la Bourse; peut-être aussi devrons-nous justifier celle-ci de quelques accusations.

La Bourse a été instituée pour la vente et l'achat des actions inscrites au grand-livre de la dette publique, garanties par près de 100 milliards, qui forment la fortune de toute la France. Le gouvernement n'est engagé qu'au payement de la rente; il ne paye pas le capital, qui est *impérissable.* C'est donc pour le vendeur et pour l'acheteur que la Bourse a été créée : pour le vendeur, s'il a besoin de réaliser son capital; pour l'acheteur, s'il a des fonds à placer en achat de rentes.

Les achats et les ventes sont faites publiquement à la criée, par des agents de change agréés par le gouvernement : les vendeurs comme les acheteurs peuvent assister aux opérations, qui, dans tous les cas, sont faites régulièrement.

On comprend l'utilité de la Bourse, puisque, sans elle, les transactions seraient lentes, difficiles, coûteuses et d'une moralité contestable. On comprend aussi que si les offres sont plus abondantes que les achats, la baisse en est la conséquence.

Les besoins les plus impérieux dérivent du bouleversement des gouvernements; alors, commerce, relations et confiance se paralysent ou s'annulent, la crainte s'installe, le numéraire se cache, la panique égale la crise; la Bourse, qui est le centre des grandes opérations, en reçoit les commotions, et elle est la première à en donner le signal. Dans une telle occurence, chacun calcule; on vend ce qui est le moins avantageux, et quand tout est déprécié, la rente tombe de 120 fr. à 68 fr. en donnant le même revenu; ceux qui possèdent de ces actions les conservent de préférence aux maisons, qui baissent de valeur avec leur rapport.

Comme on le voit, les rentes sont invariables, les actions seules (le capital) varient par la force des événements. Les agioteurs, et même les emprunts de 200 à 300 millions ne lui infligent souvent qu'une variation momentanée de 2 à 3 fr. %, encore reviennent-elles à leurs degrés primitifs, et rien d'immoral ne peut atteindre ces opérations.

C'est sous ce point de vue que l'esprit créateur a circonscrit le but de la Bourse; mais l'esprit inventif de l'industrie, dans la création des grandes entreprises qui ne pouvaient avoir lieu que par l'émission d'actions, a forcé les portes de ce temple, il a obtenu *tolérance*, et les actions industrielles se vendent comme les actions du gouvernement, non sous sa garantie, mais sous les garanties particulières.

Il faut donc distinguer *rigoureusement* deux sortes d'opérations : la vente et l'achat des actions portant rente 3, 4, 4 1/2 et 5 % créées par le gouvernement et garanties par l'État, et la vente et l'achat des actions industrielles créées par des particuliers et garanties par eux suivant les chances du succès. Elles peuvent atteindre un très-haut degré de prospérité, comme elles peuvent tomber à la faillite ; mais, quel que soit leur résultat, les opérations industrielles se traitent avec la même régularité que celles de la rente, et, je le répète, aucun préjugé ne saurait les faire suspecter.

Le jeu de la Bourse n'a donc rien de commun avec la vente et l'achat des actions au comptant, sinon d'emprunter leurs taux. Cependant, il faut le dire, ces opérations traitées par les mêmes agents, masquées sous l'étiquette de *cours à terme*, n'est pas moins le mode qui a ruiné et ruine encore tant de familles ; ce mode consiste à acheter par anticipation au 15 ou à fin courant ; le terme arrive, on paye ou on perçoit la différence. Ces opérations sont dangereuses en ce qu'on ne retire pas les titres et parce qu'on ne paye pas le capital : il ne faut que la confiance de l'agent de change ou tout au plus un dépôt.

L'affaire se résume en un pari comme on pouvait le faire pour un numéro sortant de la loterie, à la différence que pour la Bourse, ce sont les agents de change qui se prêtent à ce trafic sous la *tolérance du gouvernement*, ce qui ne pourrait avoir lieu si la livraison des actions était une condition de rigueur suivie par le versement du capital à la Caisse des consignations.

Je m'estimerais heureux, si après ce détail, Messieurs les Représentants étaient convaincus que parmi les contrats, les baux attendent une révision d'urgence, révision qu'il serait dangereux de leur refuser (1), sinon de leur donner une existence d'année en année, d'autant plus que leur laisser un long règne serait injuste, ferait préjuger longtemps à l'avance leur valeur, priverait les contrats du contrôle de l'équité dont la loi a toujours besoin pour être juste.

Bon nombre de propriétaires, ceux surtout qui connaissent les affaires, conviennent qu'il y a quelque chose à faire, et, au risque d'être indiscret, je vais citer une lettre que j'ai eu

(1) On pourrait, si on le préfère, nommer une commission d'arbitres ou un juré de révision qui ferait un rapport, ou statuerait sur les valeurs des loyers ; ce travail pourrait servir en même temps à régler les cotes des impositions ; toutefois, ces appréciations momentanées ne sauraient apprécier les événements de l'avenir.

l'honneur d'adresser à mon propriétaire. On verra qu'à côté de la menace de poursuites se trouvent des sentiments de justice et de raison.

A Monsieur Roisin, huissier.

Monsieur,

Je vous remercie de m'avoir prévenu, par votre lettre de ce jour, que M. Riant, mon propriétaire, vous a donné l'ordre de me poursuivre, si *je ne paye pas mes termes.* Soyez assez bon pour lui remettre les 2,000 francs que je vous envoie; je vous prie de les faire suivre de la présente qui en contient les explications.

Agréez, Monsieur, mes salutations.

Monsieur Riant,

Par l'intermédiaire de monsieur votre huissier, j'ai l'honneur de vous envoyer 2,000 francs à valoir sur le terme échu le 1er de ce mois. Je suis menacé de poursuites; ce sera ma faute jusqu'à ce que je vous aie donné ces explications, qui sont le motif de mon retard.

Lorsque je vous ai versé les 2,000 fr. à valoir sur le terme de juillet, je vous ai exposé mes doléances contre le chiffre du bail. Vous eûtes la bonté de m'offrir une réduction pour tout le temps de sa durée. Je vous avoue, Monsieur, que j'ai été touché de reconnaissance, et j'aurais accepté *comme justice* une offre qui vous honore; mais un sentiment de délicatesse m'a imposé de vous prier de me permettre d'y réfléchir. Ma réponse est en retard, il est vrai; mais lorsque vous me proposâtes la réduction, j'avais, quelques jours avant, déposé ma pétition à l'Assemblée nationale, de laquelle je vous joins un exemplaire. Si donc j'avais accepté votre offre, il m'aurait fallu retirer ma pétition · c'eût été sacrifier un trop grand nombre de souffrances à mon égoïsme: *je suivrai donc le sort de ma pétition* : si elle a du succès, vous vous trouverez payé et de reste avec les sommes que je vous ai versées, et j'aurai contribué au soulagement de tous les locataires; dans le cas contraire, il me restera la satisfaction de ne pas les avoir trahis.

Après ces explications, je puis encore moins retenir vos poursuites; mais pourquoi ne me permettriez-vous pas, avant, *d'offrir à tous les propriétaires l'arbitrage de l'Assemblée nationale?* Sa décision souveraine fera taire toutes les réclamations, et si elle ne m'est pas propice, je serai au moins libre d'accepter la générosité de vos offres.

Nous éviterions d'autant plus les poursuites que je serais tout à votre disposition.

Agréez, etc.

Le 26 octobre 1848.

L'intelligence de cette lettre ne doit pas inspirer de crainte à mon bailleur, libre dans ses poursuites comme je le suis de conviction dans la justesse de ma pétition, conviction d'autant plus désintéressée, que je suis propriétaire moi-même, sans avoir jamais menacé ni poursuivi mes locataires. Celui qui ne paye pas, c'est *qu'il ne lui est pas possible*, *qu'il a des motifs de refus*, ou *qu'il est de mauvaise foi*.

Des termes payés d'avance.

Le dernier article, objet de ma pétition, n'a pas besoin d'un long commentaire; car si, raisonnablement, il est juste qu'un bailleur exige de son preneur la garantie de deux termes, plusieurs motifs militent en sa faveur, surtout que les boutiquiers pourraient déménager furtivement après un terme de jouissance et même prolonger jusqu'à la veille de la saisie. Mais autant je trouve juste cette garantie, autant je trouve injuste que les propriétaires s'emparent des six mois d'avance, sans en payer le revenu, surtout lorsque ces sommes sont imputables sur les derniers termes de la jouissance.

La Caisse des consignations me paraît donc son dépositaire naturel, et par le temps qui court, la quantité de millions que ce dépôt procurerait au gouvernement n'est pas plus à dédaigner que l'argent des faillis, dont un récent décret du ministre des finances lui a confié le dépôt.

COPIE DE LA PÉTITION

RELATIVE A UN

DÉCRET D'URGENCE CONCERNANT LES BAUX

PRÉSENTÉE

Par le Citoyen CROCÉ SPINELLI

A L'ASSEMBLÉE NATIONALE.

Crocé Spinelli, propriétaire et marchand joaillier, place de la Bourse, n° 12, soussigné, a l'honneur de vous présenter la pétition suivante :

Si, en général, tous les citoyens ont souffert, s'ils ont éprouvé des pertes par l'ébranlement du crédit et par la cessation des affaires qui a suivi la révolution de Février, les commerçants et les fabricants ont été plus particulièrement atteints, et les pertes qu'ils ont éprouvées et qu'ils éprouvent encore chaque jour, ont réduit les quatre cinquièmes à suspendre leurs payements.

Les baux, qui presque tous ont été contractés dans des moments prospères, et, par conséquent, à des prix élevés, deviennent aujourd'hui, pour les locataires, une charge tellement lourde, que bien peu pourront la supporter.

Si, dans un temps prospère, le commerçant ou le fabricant n'a pas craint de s'engager à payer *huit* à *dix mille francs* de loyer, en vue des bénéfices que pouvait lui faire espérer un chiffre d'affaires de *deux* à *trois cent mille francs* par an, comment pourra-t-il supporter cette charge, aujourd'hui que ses opérations sont à peine suffisantes pour couvrir ses dépenses intérieures? Il sera nécessairement forcé d'arrêter ses affaires et d'abandonner à son propriétaire, pour les loyers échus et à échoir jusqu'à l'expiration du bail, tous les meubles et toutes les marchandises qu'il possède. C'est une situation qu'on peut d'autant plus prévoir, que déjà, avant la révolution de Février, c'était à peine si le commerçant réalisait un bénéfice suffisant pour payer ses loyers; car, il faut le reconnaître, les loyers des boutiques et magasins étaient arrivés à des prix exorbitants et disproportionnés avec le chiffre des affaires.

Dans de telles circonstances, afin d'éviter la ruine complète d'une classe si nombreuse de citoyens, et si utile pour donner du travail aux ouvriers, le pétitionnaire appelle toute la sollicitude de l'Assemblée nationale pour aviser aux moyens de concilier la position déplorable des locataires avec l'intérêt bien entendu des propriétaires.

Le pétitionnaire ne se dissimule pas qu'on pourra faire valoir les droits acquis, la loi qui protége et doit protéger les contrats, la foi due aux engagements, etc. Mais n'y a-t-il rien à dire, rien à objecter lorsque les circonstances sous lesquelles les contrats ont été souscrits ont complétement changé par le cas de *force majeure?* Ne doit-on rien faire, absolument rien en faveur du commerce pour éviter sa ruine? Vous ne le pensez pas, Citoyens; votre équité et votre justice s'y opposent.

Quand toutes les valeurs sont dépréciées; quand le rentier, le capitaliste, voient leur fortune considérablement diminuée par suite de la baisse des actions industrielles de toutes sortes et par celle de la rente, que cet état de choses a été amené par des faits indépendants de la volonté des débiteurs, vous conserveriez intact aux propriétaires le droit que leur donnent les baux, le droit, par exemple, de faire vendre aux locataires leurs meubles et leurs marchandises! Mais c'est donner à la fortune une prime sur la misère; c'est vouloir qu'avec l'argent de leurs locataires ruinés, ils achètent des maisons ou des actions de la Bourse aux deux tiers de leur valeur!

Non, vous ne laisserez pas consommer ainsi la ruine de tous les commerçants; vous ne le ferez pas, vous ne pouvez le faire; et si les lois écrites dans nos codes le permettent, celles qui sont écrites dans la conscience de l'honnête homme le défendent. Ici, l'équité est au-dessus du droit!

Je n'ai pas besoin d'ajouter que tous les commerçants dont vous éviterez la ruine ont été les premiers, dans les jours d'insurrection que nous venons de passer, à prendre les armes pour défendre la vie et les biens de leurs propriétaires; d'ailleurs, la mesure que vous aurez adoptée sera approuvée par beaucoup de bailleurs. Un grand nombre, en effet, et il vous est facile de vous en assurer, ont pris l'initiative vis-à-vis de leurs locataires sans baux, pour leur offrir des diminutions sur leurs loyers.

Voici, en résumé, ce que j'ai l'honneur de proposer, et qui me semble acceptable dans l'intérêt des commerçants industriels, comme dans celui bien entendu des propriétaires.

Le cours de la rente sert ordinairement de régulateur à la fortune publique, à la valeur des propriétés, et surtout à celle des maisons. Il pourrait, à plus forte raison, servir aussi équitablement à régler les *baux*, et par ce moyen faire participer les propriétaires aux chances éventuelles des temps critiques comme des temps prospères; en conséquence, je propose un décret dont la teneur serait celle-ci:

« *Que les* baux *de tous les locataires patentés, faits et à faire,* » *coordonneront les prix des loyers avec le cours des actions de* » *la rente 5 °/o, Bourse de Paris, du jour de la date du* » *bail* (1). *Cette moyenne sera le pivot autour duquel la hausse* » *ou la baisse du susdit cours sera subie pour tous les termes,* » *qui seront réglés du jour de leurs échéances, à partir du* » *1er avril 1848* (2). »

Le soussigné propose encore :

« *Les termes payés d'avance, servant de garantie et imputa-* » *bles à la fin du bail, seront déposés à la Caisse des consigna-* » *tions, et les revenus profiteront aux locataires.* »

N'est-il pas juste et équitable de réclamer contre une habitude arbitrairement introduite dans les baux par les propriétaires, d'exiger du locataire six ou douze mois d'avance pour garantie du bail? Cette somme, imputable aux derniers termes de la jouissance, est encaissée par le bailleur, sans qu'il en paye la rente. Par ce moyen, le locataire, obligé de faire un dépôt de 10,000 à 12,000 fr., est privé de son instrument de travail le plus certain, et perd 500 à 600 fr. de rente durant toute la durée de son bail.

Agréez, Citoyens représentants, l'assurance de mon respect.

CROCÉ SPINELLI.

Paris, le 18 août 1848.

(1) Supposez un bail daté du 30 novembre 1844, le cours régulateur du 5 °/o à 118 fr. et le loyer annuel à 6,000 fr. ou 1,500 par terme, à partir du 1er janvier suivant : le 5 °/o de ce jour étant remonté à 122 fr., le terme de ce même jour donnera 1,550 fr. 75 c. Si on le calcule au 1er avril 1848, le 5 °/o à 60 fr., il donnera 762 fr. 72 c. Si on le calcule au 1er juillet, le 5 °/o à 69 50, il donnera 883 fr. 22 c.

(2) En enchaînant les loyers au taux variable de la rente, les locataires ne demandent pas une diminution sur leurs baux, mais ils demandent à régler les payements des termes suivant la hausse ou la baisse de la rente, par la raison qu'elle ne varie que suivant les événements, et que ce sont ces mêmes événements qui rendent les lieux loués plus ou moins fructueux. Il me paraît donc juste qu'un propriétaire qui prête son local recueille suivant les éventualités ; — et si aujourd'hui la baisse de la rente diminue le chiffre de son terme, la hausse le lui restituera. D'ailleurs une fois que les propriétaires seront intéressés à la hausse, ils s'empresseront à lâcher leurs capitaux, et la confiance sera plus tôt rétablie.

www.ingramcontent.com/pod-product-compliance
Lightning Source LLC
LaVergne TN
LVHW020500230826
846091LV00008BA/3290

* 9 7 8 2 0 1 9 2 3 6 4 5 8 *